AF452973

LA LUNETTE ASTRONOMIQUE,

ou

Observations Propheti - Critico - Politi - Comiques & Galantes, faites sur les Ephémérides,

DE L'ANNÉE MDCCXLIII.

Pour servir d'Amusement aux Dames, Officiers, Nouvellistes, & autres Personnes Curieuses & Désœuvrées.

Par un Savant & facétieux Personage de ce Tems.

A LIEGE.

Chez J. JACOB. Imprimeur.

CETTE

LUNETTE ASTRONOMIQUE,

Se trouve chez tous les Librai-res tant de la Principauté de Liége, qu'en Hollande que dans les autres Païs étrangers.

PREFACE.

ONNER au Public un Ouvrage auſſi conſidérable que celui-ci ſans le décorer d'une Préface, ce ſeroit vouloir le priver de ſon plus bel ornement. La Préface en effet eſt la vraié ſauce d'un Livre, la Rocambole du bon gout, la Rémoulade des Lecteurs dégoutés, en un mot le Chef-d'Oeuvre, la Quinteſſence, & l'Elixir de l'Eſprit humain. Auſſi ne voions-nous guère les Gens d'Eſprit & de gout manquer de lire ces ſortes de pièces. Elles leur épargnent fort ſouvent la peine de lire le Livre même, dans lequel il n'eſt guère poſſible qu'on trouve de l'eſprit, l'Auteur aiant mis tout ce qu'il en avoit dans la Préface. Précaution extrêmement ſage! C'eſt toujours autant de tems & d'ennui d'épargné. Auſſi eſt-ce une des rai-

A 2   ſons

fons qui m'ont déterminé à en mettre une à la Tête de cet Ouvrage. Je dis une; car ce n'eſt pas la ſeule. La démangeaiſon de faire briller aux yeux du Lecteur la force & la beauté de mon Génie, de lui rendre compte, ſelon la coûtume des *Préfatioṇaires*, des motifs qui m'ont engagé à lui préſenter ces nouvelles obſervations, de l'ordre que j'ai ſuivi dans la compoſition de ce grand Ouvrage, des matières graves & importantes que j'y ai traitées, de la Subtilité & la Pénétration avec laquélle je les ai approfondies, de l'Evidence dans laquelle je les ai miſes; toutes ces raiſons y ſont entrées chacunes pour leur part.

Quant au premier Chef, qui concerne l'eſprit; il faut que le Public convienne malgré lui, que j'en ai beaucoup. La preuve en eſt, que je le crois ainſi; & cela ſur le témoignage Autentique & infaillible de mon amour propre ſoutenu de l'approbation de tous les Epiciers de Paris qui depuis très long-tems ſont en poſſeſſion de retenir preſque tous les Exemplaires de mes Ouvrages
ayant

avant qu'ils paroissent, & que les uns & les autres répandent ensuite en détail dans le Public avec une rapidité étonnante; ce qui m'a jusqu'a présent si bien réussi, que grand nombre d'Auteurs, jaloux de ce succès, ont travaillé a marcher sur mes traces; Mais comme j'ai imaginé le premier cette voye sûre & infaillible pour répandre promtement les excellents Ouvrages, outre la gloire de l'invention, j'ai toujours eu le pas sur eux, & j'espere conserver cet avantage tant que j'écrirai.

A l'égard des motifs qui m'ont engagé à jetter cet Ouvrage dans le Public, ils sont des plus pressants. Comme *l'oisiveté est la mere de touts les vices*, que nos Officiers restent les bras croisez, tant en Allemagne qu'en Flandres; que d'un autre côté nos Dames se morfondent & s'ennuient a les attendre, j'ai cru rendre aux uns & aux autres un service des plus agréables en leur presentant quelque Livre qui pût les amuser. En effet, les premiers sont si las de lire les ennuïeuses gazettes de leurs glorieux & infructueux exploits,

 &

& le Beau-Sexe est si dégouté des doucereuses fadeurs que leur débitent nos Abbés musqués, & nos ennuieux Robins, que, pour les tirer du sommeil L'étargique dont je les ai vû accablez, j'ai cherché dans le Magasin de mon Esprit quelque remede a un mal si pressant. Je crois l'avoir trouvé dans le petit Livre que j'ai l'honneur de vous présenter.

C'est en effet, du moins à mon jugement, tout ce que l'esprit humain joint à une connoissance parfaite de l'Astronomie & des influences celestes sur les actions des Hommes & sur les divers evenemens de la vie, peut produire de plus beau, de plus parfait, de plus Sublime, de plus Intéressant, de plus Instructif, de plus Sententieux, de plus Ravissant, de plus Merveilleux, de plus Magnifique, de plus Varié, de plus Profond, de plus Vaste, de plus Angelique, enfin pour tout dire en deux mots,

Je crois qu'on ne sauroit rien faire de meilleur ;
Et la grande raison, c'est que j'en suis l'Auteur.

Que

Que font effectivement auprès de
ce Chef - d'Oeuvre ces vieilles Centu-
ries du bon Homme *Noftradamus*
& les Prophéties de *Mathieu Lans-
berg* dont le Public eft fi coeffé. Que
font en comparaifon de ce que j'ai
l'honneur de préfenter au Public,
les Almanacs de *Milan*, de
Troies, du *Pêcheur*, du *Bon Labou-
reur* ? Que font les *Colombats*, les
Papillons, les *Etrennes Mignones*, les
Almanacs du *Palais*, de *Cabinet*, de
Toilette du *Parnaffe*, du *Theatre*, de
la *Cour* &c ? Crême fouettée que tout
cela, Rapfodies de Plagiaires, vrais
colifichets bons a amufer les enfans
& les Badauts qui leur reffemblent.
Ici tout au contraire on trouve tout
a la fois l'Efprit, la Solidité, la
Critique, la Morale, la Politique,
la Philofophie, l'Hiftoire, la Théo-
logie, la Fable, la Métromanie, la
Divination, l'Aftrologie &c On y
rencontre fucceffivement le Sérieux,
le Comique, l'Ennuieux, le Fade, le
Sublime, le Plat, le Bouffon, le Tra-
gique, le Bon, le Mauvais, le Beau,
le Laid l'Ingénieux, le Trivial, la
Profe Poëtique la Poëfie Profaique

A 4

&c.

&c.   L'Homme ignorant y trouve de quoi s'inſtruire, le Bouffon de quoi rire, le Miſantrope de quoi fronder, l'Homme d'eſprit de quoi pleurer, le Savant de quoi bâiller, les Cocus de quoi peſter, les Dames de quoi s'amuſer, & moi, qui m'y connois mieux que tous ces Gens-là, j'y trou-tout à admirer.

Peut être ſerai-je le ſeul de mon ſentiment. N'importe, cela ne laiſſe pas d'être vrai.   Hé qui peut mieux ſentir & connoître les beautez d'un Ouvrage que celui qui l'a fait! Qui peut en porter un jugement plus ſolide & plus impartial?   C'eſt par une ſuite de cet eſprit d'impartialité reconnu dans preſque tous les Ecrivains, ſur-tout lorſqu'il eſt queſtion de porter un Jugement ſur leurs propres Ouvrages,

> *Que je puis aſſûrer que jamais le*
>   *Soleil ,*
> *N'a vu dans l'Univers de Chef-*
>   *d'Oeuvre pareil.*

Et qu'on n'aille pas me ſoupçonner de donner dans le ridicule de ce Poë-te

te qu'un célebre Comique a intro-
duit dans sa Comédie des *Femmes
Sçavantes.* Je suis bien éloigné de son
caractére; Car,

*Pour moi je ne vois rien de si sot à
  mon sens,
Qu'un Auteur qui par-tout va gueu-
  ser de l'encens.*

Pour m'en donner moi - même,
encore moins. Je laisse ce soin aux
respectables & iudicieuses Persones à
qui j'ai l'honneur de dédier cet Ouvrage par une Epitre Dedicatoire qu'on
trouvera à la fin du Livre.

PRIVILEGE.

❧

DE PAR le Dieu de la Marote;
A tous nos premiers Officiers
Du Régiment de la Calotte,
Ainsi qu'a nos grands Justiciers,
SALUT, argent, teste falotte
Pour cet an & plusieurs milliers.
  SUR requête à nous présentée,
Par certaine tête éventée
Dont l'esprit est assez quinteux
Qu'en mil sept cens quarante deux.
Il avoit, sur l'Observatoire
Du Parisien Territoire,
Ou nos sçavants a vint carats,
S'envont pendant des nuits entieres
Se morfondre dans les goutieres,
Avec les souris & les Rats,
Tenant Astrolabe, Compas,
Et Lunete très opportune :
Pour voir ce que font dans la Lune,
Nos bons sujets, bien plus chéris,
Encore que ceux de Paris.

  L'EXPOSANT nous aiant apris,
Qu'il avoit, selon la coûtume,

De

De ces Meſſieurs, gagné maint Rume
A ſuivre pendant tout l'Hiver,
La planete de *Jupiter*,
Qui couroit à bride abbatue,
Après *Venus* qui toute émue,
Craignant de courir les hazards
De quelque amoureuſe avanture;
Entre les bras de ſon cher *Mars*
S'étoit ſauvée avec *Mercure*;
Que la trop grande attention
Et l'exacte obſervation
Qu'il avoit fait de cette courſe
De la Petite à la Grande *Ourſe*,
L'avoit ſouvent mis tout en eau;
De façon qu'étant ſans Chapeau,
(Et cela par inadvertence)
Un maudit Rume de cerveau,
Le tenoit au lit bel & beau;
Que ſe trouvant dans l'indigence,
Ainſi que force beaux eſprits,
Il prioit qu'il lui ſut permis
De faire aux Dames de Paris
Part des découvertes ſçavantes,
Des viſions interreſſantes,
Qu'il a faites par le moien
De ſes recherches enrumantes,

    A CES CAUSES, voulant du bien
A cette cervelle enrumée,

A 6

Nous

Nous avons la grace accordée
Au Supliant, mais au moïen
Que toutes ces billevesées;
Soient auparavant revisées
Par le Censeur du Regiment,
De plus, que préalablement,
Pour ne laisser aucun scrupule
A ceux qui pourroient avoir peur
Qu'il ne s'y trouvat quelque erreur
Qui fut proscrite par la *Bulle*,
Pour prévenir si grands malheurs
Nous nommons de plus pour Censeurs
Deux de nos Docteurs *Molinistes*
Pour qu'ils n'y laissent rien passer,
De favorable aux *Jansenistes*.
    Permettons de plus d'annoncer
Le dit Livre dans les *Mercures*,
Sur-tout dans celui de *Trévoux*
Comme étant le plus beau de tous,
Et fait par des Personnes sûres.
    Enfin voulant à l'exposant
Faire la faveur toute entière,
Nous defendons par le Présent
A nos sujets de contre-faire
Les dites Observations,
Prophéties, Prédictions,
Le tout sur la peine ordinaire,
Et d'amande pécuniaire,

Dont

PRIVILEGE. xiii

Dont deux tiers feront pour l'Auteur,
Le refte au Dénonciateur.
  Donné dans l'an & la femaine
Que, dans *Lintz*, dix mille *François*
Conduits par un grand Capitaine,
Furent tous pris par les *Hongrois*.

APPROBATION
DES DOCTEURS.

NOUS souſſignez, Docteurs de l'U-
niverſité d'*Aniere* de *Paris*, ag-
gregées à la Maiſon *Carcaſſiée* de *Sorbonne*, certifions avoir lu avec toute
l'attention, tout le diſcernement, &
toute la maturité dont une tête Theo-
logique eſt capable, un Manuſcript
qui a pour Titre *La Lunette Aſtrono-
mique*, ou *Obſervations Propheti-Cri-
tico Politi Comiques & Galantes, faî-
tes ſur les Ephémérides de l'Année* 1743.
&c. le quel nous avons trouvê parfaitement conforme à notre croïance,
& à notre manière de penſer. L'Auteur qui certainement doit être un
des plus forts Génies du Regiment, y
dévelope les Evénemens les plus
obſcurs, les Faits les plus embrouillez,
& ceux même qui ſont enſévelis
dans le plus ſombre Avenir avec une
netteté & une juſteſſe dont jamais
aucun de nos Docteurs n'a pu apro-
cher

cher dans les Explications, Traitez
Commentaires &c. qu'ils nous ont
donné, & donnent encore tous les
jours fur les chofes les plus évidentes & les plus fimples. Il eft vrai que
la manière d'écrire eft différente fuivant la diverfité des fciences & des
états. L'Homme du monde, lorf-
qu'il traite les chofes les plus abftrai-
tes, les plus obfcures, les plus dif-
ficiles a comprendre, eft indifpenfa-
blement obligé de les rendre claires,
évidentes, & à la portée des plus
foibles efprits. C'eft en quoi l'on
peut affurer que l'Auteur du préfent
Ouvrage a réuffi parfaitement, fur-
tout dans fes Prophéties qu'on pren-
droit, fans le fecours de la foi, pour
des Evenemens déjà arrivez. Il n'en
eft pas de même du Theologien que
la Sublimité de fa fcience met dans
l'obligation d'entortiller les véritez
les plus claires dans un pompeux
phébus, dans un refpectable galima-
tias qui leur donne un air de miftè-
res, & les rende in-intelligibles aux
plus grands efprits, & c'eft ce qui
fuffit pour juftifier nos Docteurs, Au
refte

reſte nous ſouhaitons que cet Ouvrage, qui paroit n'avoir été compo-
ſé que pour ſervir d'amuſement & de
récréation aux perſones qui ne ſont pas
fort preſſez d'affaires ait tout le ſuccès
que l'Auteur en eſpère, & que nous
croions qu'il aura. Donné dans notre
aſſemblée ordinaire tenue à *Mont-Mar-
tre*, le jour de *St Ane* de cette Anné
1742.

BLAISE KNOT
NICODEME L'ASNIER.

BLAI-

APPROBATION
DU CENSEUR.

COMME ce seroit un crime de *Leze-Calotte* d'oser douter un moment de l'excellence d'un Livre lorsqu'il a l'honneur d'être revêtu de l'approbation de deux graves Théologiens, Vu celle ci-dessus raportée. Nous Certisions, même sans l'avoir lu, & sur le Respect dû au jugement des susdits Docteurs, que le présent ouvrage est absolument parfait, puisqu'il a eu l'honneur de mériter les suffrages des dites Scientisiques Personnes. En conséquence nous permettons à l'Auteur de le faire débiter & imprimer par qui il lui plaira en telle forme, grandeur & figure qu'il jugera à propos, ne doutant nullement qu'il ne soit très bien accueilli du Public, & sur-tout de notre Régiment. Donné à *Ratopolis* le premier de Décembre mille sept cens quarante deux,
Signé

MATHURIN DES ECARTS.

PRE

PREDICTIONS
Hiſtori- Critico Politi- Comiques & Galantes.

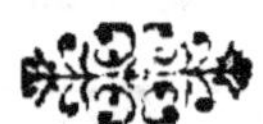

I.

„ UN Dubieux ne viendra loin
„   du Regne.
„ La plus grand part le voudra ſou-
„   tenir ;
„ Un Capitole ne voudra point qu'il
„   regne ,
„ Sa grande charge ne pourra main-
„   tenir.

CETTE *prédiction contient des événe-*
ments dont le temps a déja dévelopé
une partie. Il y a toute apparen-
ce qu'il nous dévoilera le reſte. En
attendant chacun peut donner
cariere a ſon eſprit , & deviner
Tout ce qu'il lui plaira. Mais Je crois
qu'on aura plus de peine a en trou-
ver le ſens que de celle qui ſuit.

II. Cet

II.

Au premier mois, maint Animal
Bipede
Comme insensé par chemins courera
Vous souhaitant que Dieu vous soit
en aide,
Prosperitez, Salut & Cœtera.
Ne vous fiez a ces beaux souhaits-là.
Ce n'est rien que pure grimace;
Car tel voudroit, en vous disant cela,
Vous étouffer alors qu'il vous embrasse.

Je croirois faire injure a la Sagacité de votre esprit si je donnois un
commentaire a cette Prophétie.

III. Au

III.

CET Hiver, felon la coutume,
Et plus encor fuivant nos obferva-
tions,
Sera des plus féconds en Rumatifme,
Rume,
Pituites & Fluxions;
O vous tous, qui tenez la fanté pré-
cieufe,
Voulez vous vous en garantir?
Gardez vous de vous divertir
Avec toute Actrice ou Danfeufe,
Petite Lingére ou Brodeufe;
Sinon, Gare le Repentir.

C'EST peu de prédire les maux. La charité de l'Auteur le porte encore à donner des préfervatifs pour s'en garantir. Toutefois, malgré fes Avertiffements, j'augure que plus d'un Lecteur y fera encore attrappé

IV.

QUELLE eft cette aimable Heroïne,
Cette

Cette Tomiris de nos jours,
Dont quatre Potentats ont juré la ruine
A qui tout l'Univers refuse du secours?
Contre elle envain ses ennemis font
   rage;
  Elle trouve dans son courage
Des moïens surs pour les humilier,
 Et fait voir que parmi les femmes
 Il se trouve de grandes ames
 Que rien ne sauroit effraier.

———————————

*Il n'y a pas dans le monde beaucoup
de femmes pareilles a celle la. C'est
pour quoi nous espérons que le Lecteur
la reconnoitra sans peine.*

V.

Pleurez, Amours, pleurez la Mort de
   votre Mere.
La Charmante *De Sens* descend dans
   le tombeau.
La Mort vient de ses jours d'éteindre
   le flambeau,
Les Graces & les Ris la suivent dans
   la biere.

        Mais

Mais non, Confolez vous. *Venus* pour
adoucir ,
Et foulager votre douleur extreme,
Avant que le Deftin vint* pour vous
la ravir,
Les fit toutes paffer dans une autre
elle même.

———————————————————

S'IL y a des gens dont la vie eft inutile, & même incommode a la Societé,
il y en a d'autres qui en font les dé-
lices & l'agrément. Ces derniers ne
devroient jamais mourir. La Prin-
ceffe, dont il eft ici parlé, étoit de ce
nombre. J'en parle par expérience.

VI.

QUELLE Foule de Fanfarons
Je vois courir par la Campagne!
Il femble que leurs bataillons
Aillent inonder l'Allemagne.
A leurs difcours de Rodomonts
On penferoit qu'ils vont prendre Cha-
teaux & Ville;

Mais

Mais laiſſons dire ces Gaſcons :
Lintz nous en fournira dix mille
Qu'en leur païs nous renverrons ;
Et les autres feront contraints de faire
Gile.

Il y a deux ſortes de gens dans le monde, les uns qui diſent peu & qui font beaucoup, & les autres qui diſent beaucoup & qui font très peu. Ce dernier défaut eſt particulier a la nation qui eſt ici déſignée & qui n'eſt que trop connue ſur ce pied la. Elle en a donné encore tout récemment de Nouvelles preuves.

VII.

„ Les Servants des Egliſes ſeurs Sei-
　　　　　　„ gneurs trahiront,
„ D'autres Seigneurs auſſi par l'indivis
　　　　　　„ des champs,
„ Voiſins de Preſche & Meſſe entre
　　　　　　„ eux querelleront.
„ Rumeurs, bruits augmenter, a mort
　　　　　　„ pluſieurs couchants.

Cette

CETTE *Prophetie ne nous promet pas Poire molle, comme l'on dit. En effet on sçait par expérience que lorsque les gens dont il y est parlé se mettent à faire du mal, il en font mille fois plus que d'autres. C'est ce qui m'a cent fois étonné que l'Eglise n'ait point ajouté cet article à ses Litanies :* A FURORE SAC..... LIBERA NOS DOMINE.

VIII.

DIGNE du noble sang qui lui donna la
 vie,
 Digne enfin de PIERRE le Grand,
 Sur le trône de Moscovie
L'illustre ELIZABETH viendra prendre
 son rang,
Envain ses ennemis contre elle fai-
 soient rage,
 Et prétendoient l'en éloigner,
Son intrepidité, ses vertus, son cou-
 rage,
Malgré leurs vains efforts, la font
 enfin regner.

O

O triomphe a jamais glorieux pour
les Dames
Quand la Posterité scaura
Que dans le même tems en Europe
on compta
Jusques a trois Heros sous des habits
de Femmes ! *

* La Reine de Hongrie, la Reine d'Es-
pagne, & l'Impératrice de Russie.

Tost ou tard la Vertu à sa récom-
pense. C'est ce qui doit empêcher les
Honêtes gens de se décourager. Post
nubila Phoebus. L'Auguste Princesse, dont il est ici parlé, en est la
preuve démonstrative.

IX

Quels sont ces deux Foudres de
guerre
Qui de leurs nombreux bataillons
Inondent, l'Italique Terre
Et viennent conquérir un Trosne a
leurs B. . . ?
Qui poura résister a leur ardeur guer-
riere ? . .

B   Tout

Tout beau, CHARLES n'est pas ici
Dès qu'ils le sentiront, ils ne tarde-
ront guere
A crier touts; *Veni, Vidi, Fugi.*

————————————

RIEN *de plus aisé que de tout ren-*
verser & de tout conquérir quand on
ne rencontre personne en son chemin.
Tout poltron que je suis, j'en serois bien autant. *Mais dans le cas*
dont il est ici question J'imiterois encore
plus Volontiers les Foudres de guerre
dont il est ici parlé.

X.

O l'Auguste Cérémonie
Que je vois faire dans *Francfort!*
Mais de combien de pleurs elle sera
suivie!
Combien d'honestes gens qui font en
pleine vie
La *Couronneront* par leur mort!

On

On n'a rien dans le monde sans peine. Cette prediction en est la preuve. Mais si d'une part il est doux de Regner. Il est bien glorieux de l'autre & bien consolant pour des sujets d'avoir l'honneur de se faire égorger pour la satisfaction & la gloire de leurs Monarques.

XI.

Cornes seront a *Paris* plus com-
    munes,
Pendant cet An que jamais n'ont été.
Gens a Rabat auront bonnes for-
    tunes
Pendant l'hiver, mais encor plus
    l'Eté.
Enfin dans ce désordre extrême
Chacun a tel point donnera
Qu'un mari même, au Bal de l'Opéra,
Croiant faire un Cornard s'Encornera
    lui - même.

*Il est des Maladies Climatériques;
& il y a apparence que ce sera celle
de cette Année. Au Reste, l'Europe
seroit bien-heureuse si elle n'étoit point
menacée d'autres malheurs que de celui la.*

XII.

Quel est ce Prélat tout tremblant
Qu'aux pieds d'Elizabeth je vois
    ici paroitre?...
Ah! ah! C'est *Novogrod*, complice
    d'*Ostermann*,
Qui dans tous ses projets favorisa ce
    traitre.
Va-t-il avoir le prix de sa témérité?
Il le mériteroit; mais, O bonté Roiale
    Qui n'eut jamais d'égale!
Celle qu'il trahissoit, outre l'impunité;
    L'éleve encore en Dignité.

*On a remarqué dans tous les temps
    que*

que ceux qui prêchent le plus la vertu,
& qui sont-même le plus obligés par
leur état de la pratiquer, ont toûjours
été ceux qui l'ont le moins suivie.
Pourquoi cela?... Demandés le aux
Docteurs de Sorbonne.

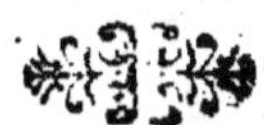

XIII.

„ L AS ! quels désirs ont Princes étran-
„ gers ?
„ Garde toi bien qu'en ton païs ne
„ vienne.
„ Il y auroit de terribles dangers
„ En maint contrée, & même de-
„ dans *Vienne*.

CETTE Prophétie n'est poins une prédiction basardée. On a déja vû une
partie de son accomplissement. Que
Dieu & le Grand Saint Denis l'Aréo-
pagite nous préservent de voir le reste !
Ainsi soit-il.

 Sou-

XIV.

Sortant du Bal de l'Opéra
Certaine Dame ira finir ailleurs sa Danse.
Le Galant en danfant fon Chauffon lui
prendra,
Pour avoir d'elle fouvenance.
Son Epoux, au retour qui s'en aper-
cevra
Fera chercher par tout le Chauffon,
de la Belle
Et fes gens bien fort grondera.
*Ne Jurez point mon cœur, lui dira-
t-elle*
*C'eft moi qui par mégarde aurai fait
tout le mal.*
*Nous Etions tant de Monde au
Bal,*
La confufion étoit telle.
*Que je l'aurai perdu dans tout ce Ba-
canal*

Voiez ce que c'eft que l'Efprit, &
combien il fert dans l'occafion ! Qui
fe feroit jamais avifé d'aller penfer
qu'un

qu'un Chauſſon put ſe perdre en dan-
ſant. Il faut avouer que les femmes
de Paris entendent mieux que toutes
les autres a endormir leurs Maris. J'en
parle pour l'avoir éprouvé.

X V.

PAUVRES Suedois que je plains vo-
tre ſort!
Y penſez vous de déclarer la guerre
A la Fille de PIERRE ?
Certes vous vous trompez ſi vous l'a-
vez cru mort.
Sachez que ce Heros vit encor dans
ſa fille,
Le Sceptre qu'on vouloit oter à ſa
famille
Et qu'a ſes Raviſſeurs elle vient d'en-
lever,
Et les vertus dont elle brille
Montrent qu'elle fera tout pour le
conſerver.

LES François ſont ſi infatuez de
leurs modes qu'ils les ſont paſſer chez

 les

les Nations les plus reculées, quelque incommodes qu'elles puissent être ... La guerre est aujourd'huy à la mode chez eux. Ils l'ont portée par toute l'Europe ; Mais, selon l'ordinaire de toutes les modes, ils la paient & la font payer bien cher.

XVI.

ÉTRANGES Révolutions !
Quatre Mignons de la Fortune,
Pour prix de leurs vexations,
Iront au fond du Nord pleurer leur
infortune !
Ah ! si l'on punissoit ainsi
Quiconque aujourd'hui les imite,
On ne verroit plus, Dieu merci,
En place que gens de mérite.

Il y a long-tems qu'on fait de pareils souhaits, mais les choses n'en vont pas mieux pour cela. Au Contraire on pouroit dire que.... Mais, Chut.

XVII

XVII.

Quoi, les voila donc pris sans vert
Tous ces Héros de la *Garonne*!
L'intrépide KEVENHULLER,
Avec leur bravoure *Gasconne*,
Les envoie tous a *Donawerth*
Rassurer leur Ame poltronne;
O triomphe a jamais complet & Glo-
rieux!
Laissons vanter a nos Aieux
Le passage de *Thermopile*,
Pour nous, nous publierons désormais
en tous lieux,
La Retraite, ou plutôt la honte *des
Dix-Mille.*

N'en *déplaise a notre Astrologue, sa
réflexion me paroit des plus déplacées.
Belle comparaison de là Retraite des
Dix-mille avec celle des François!
Sans doute qu'il veut parler ici de ces
dix mille Grecs qui se distinguerent si
fous fort la conduite de Xenophon par*

B 5

cette

*cette belle & longue Retraite que ce Grand
Capitaine leur fit faire. La belle Bravoure! Mais dix mille Hommes fortir
d'une place fans la moindre réfiftance.
Voila du Brave, Voila de l'Heroique!
Voila du Nouveau! Cela ne fent point
fon Antiquaille, Car on n'a jamais
rien vu de pareil.*

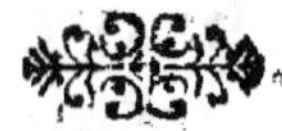

XVIII.

Aprés un épineux & fort long Mi-
    niftére,
Du quel il fe fera bien ou mal aquité,
Certain Comte fera relegué dans fa
    terre,
Pour le tirer des mains d'un peuple
    révolté.
Malgré ce traitement ou jufte, ou
    favorable,
On n'en voudra pas moins contre lui
    procéder....
Eft-il Innocent, ou Coupable?..
C'eft-ce qu'on laiffe a décider.

C'eft

C'est *un Etrange Animal que ce Peuple. Si les Rois vouloient les croire, ils changeroient de Ministres comme de Chemises. A la premiere malver-sation, A Bas, Monseigneur Dubois.. Tout beau Mr. le Peuple, Tout beau. Cela étoit bon dans le tems que.....Vous m'entendez.*

XIX.

✻

„ L'Election faite dedans *Francfort*
„ Fera conteste. Milan s'opposera.
„ Le Sien plus proche semblera si
„ grand fort,
„ Qu'outre le Rhin Maréchaux chas-
„ sera.

Quand on n'a qu'une pomme a don-ner, & qu'il se trouve plusieurs per-sonnes de grand appétit qui la deman-dent, on ne sçauroit contenter l'une

sans

fans mécontenter l'autre. De là les mur-
mures, les querelles, les difputes, & tout
l'accompliffement de cette Prédiction

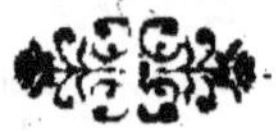

X X.

QUEL eſt ce ſecond ALEXANDRE
Que je vois a grands pas vers *Breſlaw,*
    s'avancer ?
Sa bouillante valeur va tout réduire
    en cendre,
Et de ſes Bataillons il va tout renverſer...
Non, Non, de leurs tranſports les
    Héros ſont les maitres.
Ne craignez rien de celui-ci,
Dès qu'il aura repris le bien de ſes
    Ancêtres,
Vous ne le verrés plus ici.

CETTE queſtion *Quel eſt !* me paroit
ſinguliere dans un Prophete, comme
s'il y avoit dans le Monde Beaucoup
d'Hommes de cette trempe.

❊

XXI.

ETRANGE vanité de la Grandeur hu-
maine !
O Fortune, comment peux tu tenter
un cœur ?
Tu nous en feras voir une preuve
certaine
En faisant élever au Trone un grand
Seigneur ;
Mais ton inconstante Faveur,
Ne lui laissera pas un pouce de Do-
maine.
Fais, pour s'y maintenir, du moins
qu'il soit Vainqueur.

————

*Les Honneurs sont beaux & flat-
tent beaucoup la vanité des hommes ;
mais ce n'est qu'une vaine fumée lorsqu'ils ne sont pas soutenus par la richesse & par la puissance. Demandez
le à tant de milliers de Gentils hommes dont les Archives regorgent de ti-
tres Honorables, pendant qu'ils meurent de faim.*

B 7   XXII.

XXII.

Pour ses Nobles exploits, & ses faits
Glorieux,
Pour avoir reconquis le bien de ses
Aïeux
Et de ses Ennemis humilié l'audace
Kevenhuller, la Gloire & l'hon-
neur de sa race,
Se verra par sa Reine élevé jusqu'aux
Cieux.
Telle est de la vertu la digne récom-
pense.
Elle éleve un Mortel au rang des De-
mi - Dieux
Et s'attire la Bienveillance,
De ceux que l'Univers adore en ces
bas lieux.

———————————————

On voit a cette démarche glorieuse
qu'il y a encore des Souverains qui
sçavent ce que c'est que la Justice
& la Reconnoissance. Un pareil éloge,
&

& si bien mérité, vaut tous les Bâ-
tons du Monde reünis ensemble

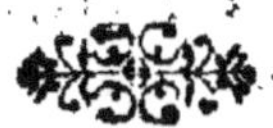

XXIII.

Pris en flagrant Délict avec gente
    Donzelle
Certain Abbé poupin, pour être corrigé,
Ira faire retraite auprès *de la Chapelle* *
    Ou sera bien, & dûment fustigé.
Si l'on vouloit donner des leçons
    Salutaires
A tous ceux, commé lui, qu'on voit
    prévariquer,
    Même remede il faudroit pratiquer
    Dans presque tous les Séminaires.

* Seminaire & maison de correction ap-
pellée communement *Saint Lazare* située a
l'extremité du fauxbourg St. Laurent près
du vilage *de la Chapelle.*

Si *le Remede que donne ici notre
Astronome étoit pratiqué Ce seroit le
véritable moien de faire deserter touts
les Séminaires. Seroit ce un Mal?*
                 les

Diftinguo. *Pour les Faineans, Con-
cedo, Pour le Peuple* NEGO. *Ce feroit
toûjours autant de Sang fues qu'il auroit de moins.*

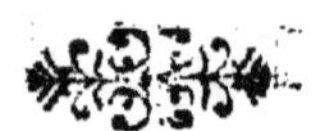

XXIV.

QUEL eft ce Peuple aux noms
   terribles
A qui je vois ainfi laiffer
Leurs Montagnes inacceffibles
Et vers *Oppelen* * s'avancer?
C'eft le *Krapak*, c'eft le *Hana-
   que*,
Lefquels fe joignant au *Cofaque*
Aux *Pandoures*, aux *Warafdins*
Viennent pour fecourir une Reine
   qu'attaque
Le plus puiffant des Souverains.

* Ville de la Baffe Silefie.

LE *Courage, la Générofité & les autres vertus font de toutes les Nations.
Après tout la France qui s'épuife*
                    pour

pour soutenir un Prince qui lui est étranger, donne un trop bel exemple a ces Peuples, pour ne pas voler au secours de leur Auguste Souveraine.

XXV.

" DE l'entreprise grande confusion,
" Perte de gens, Trésor innumerable,
" Tu n'y dois faire encore tension,
" France, a mon dire fais que sois
" récordable.

CHAQUE Nation a ses défauts, & l'entestement & la vanité furent toûjours ceux de celle dont il est ici parlé. Cest ce qui poura bien rendre inutile le sage avis que lui donne ici l'Astronome. En tout cas, s'il lui en arrive mal, comme il y a toute apparence, Ce ne sera pas sa faute.

XXVI.

XXVI.

Pour fabriquer un Veau qu'on mit au
rang des Dieux.
Les Dames d'Israel donnerent leur
richesse.
Cette année on verra celles de cer-
tains lieux *
Faire plus pour une Princesse,
Ou plutôt pour une Déesse
Qui de tout l'Univers mérite tous les
vœux.

* Les Dames de Londres & de Florence

Autant l'action des Dames Juives
étoit condamnable, autant celle des
Dames de Londres & de Florence est
elle admirable. En effet si la Raison &
la Religion permettoient d'adorer d'autre être que l'Etre suprême, jamais
Mortelle n'auroit mieux mérité de par-
tager les Honneurs de la Divinité.

XXVII.

XXVII.

Qu'est devenu ce Monaque de *Corse?*
A-t-il donc pour toujours planté la
　　ses Sujets?
Helas! ils le croïoient un Roi des
　　plus parfaits;
Mais il n'en avoit que l'écorce.

———————

*Il est plus aisé de faire des Rois que
de leur donner les qualitez & les vertus Roiales. Le peuple peut faire l'un.
Il n'y a que Dieu qui puisse faire
l'autre.*

XXVIII.

En quel état *Thalie* es tu réduite!
Tu ne te soutiens plus que sur un
　　Brodequin
Les Graces & les jeux, les ris ont
　　pris la fuite
Avecque *les Quinauts, la Couvreur,
Du Chemin.*

　　　　　　　　　　　　Ah!

Ah! conserve du moins la seule qui
te reste.
Car si tu perds encor la Charmante
Gossin
Ton Théatre, Ma Foi, ne vaudra pas
un *Zeste.*

C'EST-ce dont s'embarasseront fort
peu ceux qui ne connoissent ni les
graces ni les plaisirs du *Théatre.* Leur
ignorance sur cela excuse leur insensi-
bilité, Mais les plaintes que fait ici
le *Prophete* n'en sont pas moins bien
fondées.

XXIX.

POUR voler au secours d'une Reine
attaquée
Par quatre Potentats divers,
Et que dans son Roiaume ils voudroient
voir bloquée,
Les Anglois passeront les Mers.
Bien plus de leurs soldats garnissant
ses frontieres
Ils les garantiront de toute invasion.

O

O générofité, que l'on n'imite gueres,
Que vous faites d'honneur au Peuple
d' *Albion* !

Si cette Générofité fait bonneur a
cette nation, l'infenfibilité de quelques
unes, l'avidité & la mauvafe foi des
autres doit les couvrir de confufion.
Le bon exemple a, dit on, beaucoup de
force, mais le mauvais l'a toûjours
emporté.

XXX.

Faute d'argent, force Auteurs a Paris,
Ainfi qu'ailleurs, auront recours a
leur génie,
Et de leurs languiffants écrits
Ennuyeront le Public qui déja s'en
ennuie.
Au refte c'eft a tort que l'on criera
contre eux.
Le Stile doit toujours au tems être
femblable :
Or, les Tems étant malheureux,

Il.

Il ne doit nullement paroitre merveilleux
Que le leur soit si misérable.

Le lecteur en peut dire autant de
ce petit livre. On lui laisse sur cela
liberté toute entiere. On verra par la
suite ce que l'Auteur en pense lui même, & qu'il a pris d'avance sur cela
son parti en Galant Homme.

XXXI.

„ La paix s'aproche d'un coté & la
„ guerre,
„ Onques ne fut la pourfuite si grande,
„ Plaindre Hommes, Femmes, Sang
„ Innocent par terre,
„ Et ce sera de France a toute bande.

Il est des Nations qui se distinguent
par leur amour pour la Paix. Celle-ci
se signale aujourd'hui par son amour
pour

pour la Guerre. Ce n'eſt pas pourtant pour le ſuccés qu'elle a dans celle d'Allemagne.

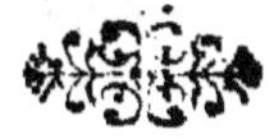

XXXII.

QUELS ſont ces ouvrages immenſes
Qu'on voit ſortir du ſein des
Mers?
Quoi donc! les Terreſtres Puiſſances
Au terrible Occéan veulent donner
des fers!
Quels ſont leurs vrais deſſeins? C'eſt
ce que l'on ignore.
Chacun ſur tout cela parle a tort a
travers;
Mais je crains qu'il n'en coute
encore,
La vie a trois Peuples divers.

———

QUELS ſont ces ouvrages? *Demandez le aux Puiſſances Maritimes, Elles vous l'apprendront.*

POUR

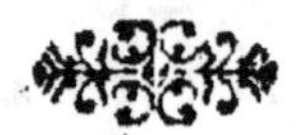

XXXIII.

Pour jouir d'une Femme aimable
A qui depuis long-tems il faifoit les
ïeux doux,
Un Magiftrat Abominable
Fera dans un cachot renfermer fon
époux,
Mais par un trait encore plus
inique,
Et qu'avec peine l'on croira,
Au nom du Prince, il le fera
Releguer à *La Martinique.*

Ce trait eft abominable, il eft vrai;
Mais a la bonte de notre Siecle, il n'eft
rien moins que rare.

XXXIV.

Quel fpectacle fanglant auffi bien
que nouveau !

Un

Un Héros que par-tout a suivi la Vic-
    toire,
Que ses Exploits ont mis au Temple
    de Mémoire
    Vient échouer devant *Czaslaw*..
Mais non, cet accident ne termit
    point sa Gloire,
Il n'en sera pas moins célébré dans
    l'Histoire.
Si malgré sa valeur ses soldats font
    défaits
C'est un mal pour un bien. La preuve
    en est notoire,
Puisqu'enfin a son Peuple il ya rendre
    la Paix.

La *Valeur est constante dans les
Héros, mais il n'en est pas de même du
sort des Armes. S'ils font grands dans la
Guerre, ils le font encore plus lorsqu'ils
donnent la Paix a leurs Peuples.*

XXXV.

Avec Epoux Séxagénaire

C   Ai-

Aimable Femme de vint ans
Ne pouvant gagner ſon Douaire
Ailleurs prendra ſes paſſe-tems.
Pour les avoir encor plus a ſon aiſe
Elle fera ſon Epoux aſſigner. . . .
Gagnera - t - elle ? . . . oui da ne
    vous déplaiſe.
Femme jolie, & qui ſoutient ſa
    Theſe,
Eſt toujours ſure de, gagner.

Avec un Epoux jeune, Aimable, &
vigoureux, la choſe auroit ſouffert un
peu plus de difficulté; Mais la Juſtice
eſt trop juſte pour ne pas avoir égard
aux beſoins du Beau Sexe. Les Juges
en pareil cas s'y prêteroient peut - être
volontiers eux mêmes.

XXXVI.

Quelle eſt cette ſuperbe Entrée
Que je vois dans certaine Cour ?
Eſt - ce l'aimable *Citerée*,
Ou tous les Dieux de l'*Empirée*
            Vien-

Viennent ils ici bas établir leur féjour ?
C'eſt plus que tout cela. C'eſt ce
    que la Vaillance,
La vertu, la Sageſſe, avec l'Expérience
    Peuvent former de plus complet.
En un mot, c'eſt ELIZABETH.

C'EST un grand Eloge pour une
perſonne que de ne trouver au deſſus
d'elle rien a qui on la puiſſè comparer,
& d'être obligé de la mettre en paral-
lelle avec elle même. Il eſt peu de gens
dans le Monde a qui l'on puiſſe donner
des louanges auſſi délicates & auſſi
bien meritées.

XXXVII.

„ LA Dame ſeule au Regne demeurée,
„ L'unic éteint premier au lit d'hon-
    „ neur,
„ Sept ans ſera de douleur éplorée,
„ Plus longue vie au Regne par grand
    „ heur.

C 2   VOICI

Voici *du Stile vraiment Prophéti-
que ; C'est-à-dire de ces Prédictions qu'il
est difficile de bien expliquer. Un
Commentateur qui voudroit faire briller ici son esprit feroit parade de son
érudition, & sous prétexte de travailler a éclaircir ce Quatrain, il emploie-
roit des volumes à l'embrouiller encore
davantage. Pour moi qui n'aime point
a me rompre la Teste inutilement, ni
a ennuier personne, J'avoüerai bon-
nement que je n'entends rien a ceci,
ou que le peu que j'y entends ne vaut
pas l'ennui qu'il pouroit causer au
Lecteur. C'est pourquoi je le lui épar-
gnerai.*

XXXVIII.

Pour secourir une Reine en dé-
tresse
A contre-cœur le Clergé donnera
Le Dixieme de sa richesse
Et bien fort en murmurera,

O les Caffards ! ils n'ont pas fait cela
Quand ils ont pris jadis les biens a
  nos Ancêtres,
Ecoutez les prêcher ; Chacun d'eux
  vous dira
Que de nos biens nos Princes font
  les maîtres ;
Mais ils n'entendent pas pour eux ce
  jargon la.

CECI n'eſt point particulier au Clergé. Tout le Monde aujourd'huy aime
a prendre, & perſonne n'aime a rendre. A l'égard du reproche que l'Aſ-
tronome fait a ces Meſſieurs, quoique
très bien fondé, il ne laiſſe pas d'être
injuſte : Car enfin Qui tenet, teneat.
Poſſeſſio valet. Le Vol eſt ſi vieux
que, ſelon l'equité des Loix Humaines,
la Poſſeſſion, a force d'être criminelle
eſt enfin devenue legitime. Il eſt vrai
que la probité en murmure ; Mais de
tout tems cet état, ne s'en eſt pas
beaucoup piqué, Nos Ancêtres, dit on,
étoient bien ſimples de ſe laiſſer ainſi
dépouiller. Nous nous piquons d'eſ-
C 3

prit,

prit, & cependant nous ne sommes pas moins dupes qu'eux.

XXXIX.

Cas Merveilleux, & pourtant vé-
ritable !
Au même enfant deux Femmes pré-
tendront ;
Et de cet enfant tout aimable
Toutes deux Meres se diront.
Sur ce Cas singulier *Thémis* embarassée
Ne sçaura pas trop qu'ordonner.
La Chose a décider seroit bien plus
aisée
S'il le faloit a deux Peres donner.

Si ce Cas étoit arrivé a certaines Dames, de certaine ville, d'un certain Royaume, au lieu d'ajuger cet enfant a deux Peres, la Justice auroit pu, sans injustice, lui en donner une Douzaine. Le silence de notre Astronome sur ce point nous arrête tout court. &

& nous oblige de suprimer cent choses plus curieuses & plus jolies les unes que les autrès que nous aurions pu raporter a ce sujet. Mais elles trouveront quelque jour leur place ailleurs.

XL.

Apres un horrible Carnage
Ou l'on verra périr des milliers de
sujets,
Un Héros, malgré son courage,
Se trouvera forcé de demander la
Paix.
O vous qui l'imitez si bien dans si
vaillance,
Et dont les Glorieux Exploits
Mettent vos Peuples aux abois,
N'imiterez vous point au plutôt sa
Prudence?

S'il se rencontroit quelqu'esprit assez méchant paur vouloir prêter de la malice a l'Auteur de ces Prophéties,

C 4

il

il ne pouroit disconvenir du moins, en lisant celle ci, qu'il à le fond du cœur excellent, & que c'est peut-être un des meilleurs Patriotes qui soit au Monde. Il seroit a souhaiter que bien des gens qui font aujourd'hui parade de leur prétendue Fidélité, lui ressemblassent.

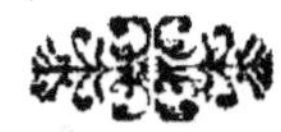

XLI.

QUELLE est cette aimable Innocente
Que son Epoux cassé traduit en plein
Palais? . . .
Ah! C'est notre jeune Intendante.
Vertu de Froc, qu'elle a d'attraits!
Je ne m'étonne plus qu'un jeune &
frais Jésuite
Charmé de son mérite
L'ait à la fin fait tomber dans ses
rets,
Mais ce qui me surprend, c'est qu'un
jaloux sans bornes
Non content de porter des
Cornes,
Veuille encor que la Cour l'atteste
par Arrêts.

TEL-

TELLE est la Manie de bien des gens. Ils possédent des biens charmants qu'ils négligent, & ils se fâchent quand les autres les cultivent. Il est vrai que le Substitut dont il est ici parlé est d'un Ordre qui, lorsqu'il a une fois mis la main sur quelque chose, trouve bientôt le moien de s'en saisir pour toûjours. Peut-être est ce pour empê-cher cette usurpation que ce vieux Intendant a recours a la Justice.

XLII.

CROÏANT soulager la misére
Dont ses sujets sont accablez,
Le Vénérable & Très Saint Pere,
Donnera force Jubilez.
Ce remede autrefois put - être salu-
taire.
Nos Ancêtres du moins s'imaginoient
cela ;
Mais aujourd'hui je crois qu'on ne
trouveroit guere
De pain avec cet Argent - là.

IL

Il *faloit que nos Ancêtres fussent d'une autre complexion que Nous, pour se repaitre d'une viande si creuse? Notre Estomac ne s'accommoderoit pas aujourd'hui de cette Sainte Fumée. Il faut a un Peuple épuisé par la disette & par la misere des Aliments plus solides.*

XLIII.

,, Beaucoup de gens voudront Par-
,, lementer
,, Aux grands Seigneurs qui leur fe-
,, ront la guerre,
,, Mais ne voudront en rien les
,, écouter,
,, Hélas! si Dieu n'envoie Paix en
,, Terre.

Tels *sont les Hommes depuis le plus*
petit

ptit jusqu'au plus grand. Sont ils brouillez les uns avec les autres, ils s'agacent, ils se piquent, ils s'aigris sent mutuellement. De la les Querelles, les procès, les inimitiez Les Guerres font les Procès des Grands. Le Dieu des Armées est leur Juge, & leurs Peuples paient les frais du Procès.

XLIV.

LE voila donc cet infolent Ministre,
Cet avare Visir du peuple détesté,
   Dont le Ministére siniftre
A l'Empire Ottoman a tant de fang
     couté.
O Revers foudroïant des Fortunes hn-
     maines,
   N'ouvrirez vous jamais les yeux
     au Grand !
   Un Visir entre dans les chaines,
Et l'on en retire un pour le mettre
     en fon rang !

On.

ON *voit de tems en tems des revers de Fortune encore plus foudroians; & Cependant les hommes ne laissent pas de courir tous les jours après elle. La raison de cette extravagance, c'est que la violence de leurs passions leur ote le jugement.*

XLV.

Que penses tu de cette grandeur d'Ame,
De cette Auguste Majesté,
Comte *Ulefelt*? dans une Femme
Croiois tu tant de fermeté?
Tu viens dans son Conseil de la voir, de l'entendre,
Que penses tu de ses discours?..
Ce sont ceux qu'a *Porus* tint jadis ALEXANDRE,
Et qu'a ton C..... elle tiendra toujours.

*L'HÉROISME a été de touts les tems;
Mais il étoit reservé a notre Siecle de
le voir porter au degré de perfection
ou nous le voions, & cela par une
Femme? On n'accusera pas celle - ci de
donner dans la manie des Prêtres, ni
de s'exposer a être leur duppe.*

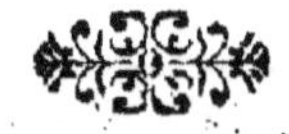

XLVI.

POUR effraier la Canaille crédule
Et la soumettre au Decret de Cle-
    ment, *
Certains Docteurs, pour un cas ri-
    dicule,
    Refuseront le Sacrement.
Dieu Paternel! la Terrible menace!
Mais que le *Druidisme* helas! seroit
    bien sot
Si la France, changeant de face,
Un jour les alloit prendre au mot.
* La Bulle *Unigenitus.*

Ce Tems n'eſt peut être pas ſi éloi-
gné qu'on le pouroit croire. J'en a-
pelle au témoignage des gens qui pen-
ſent, qui ſont au fait du grand Mon-
de, des perſonnes de Lettres, & mê-
me des Docteurs de Sorbonne.

XLVII.

Au bon vieux tems nos Crédules
Aïeux
Du Saint Papa défraioient les Armées,
Bien plus, dès qu'ils parloient, nos
Monarques pieux
Couroient pour raſſurer leurs villes
allarmées,
Les Tems ſont bien changez! par un
triſte revers,
BENOIT verra les ſiennes déſolées
Ses Campagnes pillées
Par cinq ou ſix partis divers
Qui tous lui jureront reſpect, obéiſſance
Pauvre Saint Pere, en voïant ces
pervers

Mé-

Méprifer ainfi ta puiſſance,
Et tout aller de la forte a l'envers,
Que tu regretteras les Siécles d'i-
gnorance.

UN *Célebre Auteur Ecclefiaſtique a
dit quelque part dans un excellent livre, que l'Ignorance n'étoit bonne a
rien. La Richeſſe du Clergé eſt une
preuve du Contraire. Il eſt vrai que
ces Meſſieurs fe plaignent beaucoup que
la Charité a leur égard fe refroidit
conſidérablement, & que ce n'eſt plus
comme autrefois. Mais n'eſt il pas tems
que le Monde forte enfin du l'enfance?
A force de vieillir il faut bien que
l'Eſprit lui vienne, & qu'il commence
a être ſage, Du moins fur la fin de
ſes jours.*

XLVIII.

QUE fais tu la dans ta nacelle
BRAVE DE COURT? N'entends tu
pas,

Un jeune Héros qui t'apelle
Pour le paſſer dans ſes nouveaux
Etats?
Tu reſtes a *Toulon*. Il devroit être a
Gêne
Pourquoi te refuſer a ſon noble tranſ-
port?...
Las! Je le voudrois bien; Mais je
garde le Port
De peur que MATTEWS ne le
prene.

C'EST une Belle choſe que la Pru-
dence! Si les Dix-mille hommes qui
étoient dans Lintz euſſent imité ce
Chef d'Eſcadre, ils n'auroient pas été
tant, ni ſi juſtement bernez.

XLIX.

„ LE grand d'Hongrie ira dans la
„ Nacelle,
„ Le nouveau né fera guerre nou-
„ velle
„ A ſon voiſin qu'il tiendra aſſiegé;
„ Et le Noireau avecque ſon Alteſſe
„ Ne

„ Ne foufrira que par trop on le
    „ preffe,
„ Durant trois Ans fes gens tiendra
    „ rangé.

Qui poteft Capere, Capiat. *Pour moi J'avoue ingénuement que je n'entens rien a cette Prédiction Je la crois neanmoins très belle & fort interreffante. Mais je ne me fens pas affez de fublimité d'efprit pour en pénétrer & en déveloper le fens. Je laiffe ce foin a des perfonnes plus intelligentes que moi.*

L.

Quelle eft cette ville affligée
Et dont je vois les habitants en
    pleurs?
Cent mille Bras la tiennent affiegée
Et tout lui femble annoncer fes
    malheurs.
Envain des Etrangers prennent votre
    deffenfe,

Char-

CHARLES seroit bientôt votre vain-
    queur
Peuples, s'il ne suivoit qu'une juste
    vangeance ;
Mais il se laissera fléchir par sa Clé-
    mence,
Et se contentera de vous avoir fait
    peur.

PEUT *être n'y eut il jamais de*
fraieur pareille a celle-ci. On en
peut juger par les démarches humilian-
ter de ces Etrangers, les quelles font
raportées dans la Prédiction suivante.

L I.

PRIS comme Rats au Trebuchet,
Certains Héros Gaſcons qui croioient
    tout abatre
Et qui sur cet espoir faisoient le Diable
    a qnatre
Rabatront bien de leur caquet,
Humbles, Soumis, vous les ver-
    rez, pour grace

De-

Demander qu'on les laisse au plutôt
deserter;
Mais le Vainqueur, voulant chatier
leur audace,
La leur fera Chérement acheter.

LII.

Contre une Secte opiniâtre
Qui dans la Chine autrefois enseigna
Un culte moitié Saint & moitié Ido-
lâtre;
Le grand *Druide* tonnera.
Mais a quoi fervira ta Bulle
Pere Béat?... A rien. l'Ordre de
Loyola,
Plus entêté mille fois, que ta une
Mule (Tes devanciers l'ont éprou-
vé déja)
Marche toujours fon train, & jamais
ne recule.

Chose *étrange que la jaloufie du*
Clergé ! *Il n'en veut que pour lui.*
De-

Depuis plus d'un Siécle il crie contre un Ordre qui d'un seul coup vient de donner a l'Eglise quarante Saints, & cela parce qu'il travaille depuis son établissement a concilier tous les hommes ensemble sur le fait de la Religion. Sans doute qu'ils traverseront de même le plan que cette Secte s'est proposé de ne faire qu'une seule de toutes les Religions, afin que chacun y trouvant ses rêveries, se réunisse a ces bons & saints Religieux, & leur rende la justice qu'ils méritent...

LIII.

Pour effraïer un peuple assez timide
Dessus ses fondements la Terre trem-
    blera,
Mais une Escadre Angloise aïant
    Martin pour guide
Bien autrement encor les effraïera.
Pourquoi, me direz vous, tous ces
    Prodiges la?..
Pour faire voir aux Grands par des
    signes sensibles
Que Dieu n'approuve point de trop
    vastes projets,

                Et

Et, quand dans notre place il nous
laisse paisibles,
Qu'il faut aussi laisser nos confréres en
paix.

____

S1 *l'on avoit fait attention a cette
grande verité, l'Europe ne seroit pas
dans l'état déplorable ou elle est.*

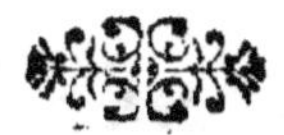

LIV.

Avec touts ses Atours, ses joyaux
& ses bagues,
Comme une seconde *Judith*,
Certaine Baronne, de *Pragues*
Sortira devers la Minuit.
Au Camp Autrichien cette *Judith*
Moderne
A mauvais dessein se rendra,
Mais dans son beau projet elle se
trompera.
Charles n'est pas un *Oloferne*

CE

CE n'est plus le Tems. Ces vieilles & respectables ruses sont usées ; & nos Guerriers n'en sont point aujour-d'hui la duppe.

LV.

„ NAPLES, *Palerme*, *Sicile*, *Siracuse*,
„ Nouveaux Seigneurs, Fulgures,
„ Feux Celestes ;
„ Forces de *Londre*, *Gand*, *Bruxel-*
„ *les*, *l'Ecluse*,
„ Grande Hécatombe, Triomphe,
„ faire festes.

VOILA bien des événements dans une seule Prediction. Ceux que vous avés déja vu arriver sont un Pronostie assuré pour l'accomplissement du reste.

LVI.

LVI.

Quel est cé troupeau de mou-
tons,
Que je vois fuir en Italie?...
Ah, ah! Ce sont ces Rodomonts
Qui venoient dans la *Lombardie*
Chercher un Trône a leurs, B...
L'entreprise sans douté étoit belle,
hardie;
Mais pourquoi donc s'enfuir ainsi
Au train dont ils y vont ils se rom-
pront les jambes.
Qui peut les rendre tant ingam-
bes? ...
C'est que le Grand CHARLE *
est ici.

* Charle Emmanuel de Savoie, Roi de
Sardaigne.

LA *plûpart des Nations font confif-*
ter la Bravoure dans la Hardieſſe a
affronter les Hazards. Celle-ci met la
ſienne a les éviter. C'eſt dans cette
vue

vue qu'elle fuit a toutes jambes. Fait elle si mal? Je n'en scai rien; Mais on dit communément Qu'une bonne Fuite vaut beaucoup mieux qu'une mauvaise Attente.

L V I I.

Avec un Cavalier de galante figure
Certaine None de L. . . C. . .
Escaladera sa cloture.
Pour aller avec lui courir a travers
champs,
Mais, quand il en aura sa passion
soulée,
Le Galand la plantera la.
A son gros vieux Prélat la pauvre
désolée,
Aura recours, lequel la renverra
A son Official. Ce dernier plus fidelle
Le scandale reparera,
En s'enfuiant en Hollande avec
elle.

Si toutes les Nones amoureuses étoient
sures

fures d'avoir une pareille réuſſite dans leurs galanteries, Il n'y en auroit guere qui ne voulut imiter celle qui fait le ſujet de cette Prédiction.

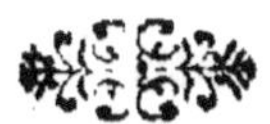

LVIII.

PENDANT que *Mars* ſur la Terre &
    ſur l'Onde,
  Signalera ſes ſanglantes fureurs,
Certain Peuple ſera dans une paix
    profonde,
  Et de l'Amour chantera les dou-
    ceurs.
  Loin de troubler le repos de leur
    vie,
Tous les Rois a l'envi viendront les
    careſſer,
  Que votre Sort, Peuple eſt digne
    d'envie !
  Heureux, qui peut vous reſ-
    ſembler !

C'EST *le Comble de la Sageſſe & de
la Politique de ſçavoir conſerver la tran-*
        D   *qui-*

quilité au milieu d'un Boulverſement général. Ce n'eſt pas la prémiere preuve que ce Peuple a donné de la Sageſſe de ſon Gouvernement.

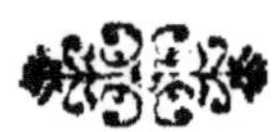

LIX.

CERTAIN Danſeur à la taille légere,
Mince de Corps, & plus mince
d'Eſprit,
Avec gentille & pudique Comere
De l'Opéra, danſera jour & nuit.
Un ſien Epoux en aura grand dépit,
Mais après tout que poura-t-il y
faire?
Ira-t-il au Public s'en plaindre com-
me un Sot,
Non, le meilleur parti dans une telle
affaire,
C'eſt de tout endurer & de ne dire
mot.

CECI eſt aujourd'hui ſi Commun qu'à peine y fait on attention.

LX.

L X.

QUEL est ton triste sort, O Peuple
    infortuné !
Quoi, sans être jamais en Guerre avec
    personne,
Aux tragiques fureurs de *Mars* & de
    Bellone
Tu verras ton Pais toujours aban-
    donné !
Ah, que ne suivois tu l'avis qu'on
    t'a donné !
En prenant le parti de l'Auguste *Thé-*
    rese,
Ton Prince en eut été beaucoup mieux
    guerdonné,
Et toi même en serois beaucoup plus
    a ton aise.

Ce n'est pas la faute du Peuple s'il
est Malheureux. Au contraire, il ne
l'est jamais qu'à son grand regret. A
qui donc s'en prendre ?

LXI.

,, L'Armée de Mer devant Cité tien-
,, dra,
,, Puis partira sans faire longue allée,
,, Citoïens grande proie en terre
,, prendra,
,, Retourne Classe reprendre grande
,, emblée.

---

*Ce que le Prophete a déja dit ail-
leurs sert d'eclaircissement a cette prédiction, qui par ce moien devient des
plus claires.*

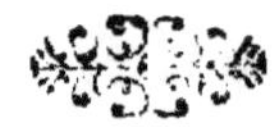

LXII.

Ou Courez vous, Glorieux Fanfarons?
Allez vous désoler une terre étran-
gere? . . .
Non

Non pas ; Mais nous allons fauver
nos Compagnons
Qui fe font laifſez prendre en Flanc &
par Derriere.
Les Ennemis font morts fi nous les
atteignons....
O la Belle Rodomontade !
Quand vous ne voiez rien vous voulez
tout tuer ;
Mais s'agit il d'effectuer,
L'ennemi paroit - il ? Vous battez la
Chamade.

———————————————

Nous *avons déja démontré la Prudence & la Sageſſe qu'il y a dans cette
Conduite.*

LXIII.

POUR mieux jouir d'une aimable
Nonette
Un dévot Janféniſte aux yeux doux,
au teint frais,
Sous les habits de Sœur Colette,
Se gliſſera dans un couvent exprès.

D 3

Mais

Mais ſon Caffard d'Evêque épris des
mêmes charmes
Pour ſe vanger de ce ruſé Pail-
lard ,
En fera faire un ſecond *Abailard.*
O que ſon *Héloïſe* en verſera de Larmes !

UN Janféniſte ! *Qui le croiroit!*
Mais tout Homme eſt Homme & les
dévots ſur touts. *Après tout, eſt il
plus Condamnable que ſon Evêque?*
Oui ſans doute. Car il n'appartient pas
aux Domeſtiques de vouloir imiter
leurs Maitres, encore moins d'aller ſur
leurs briſées. Ce qui eſt deſtiné pour
la Bouche d'un Prélat n'eſt pas fait
pour celle d'un petit Preſtolet de Prêtre.
Chacun ſon rang dans le Monde. C'eſt
l'uſage. La vangeance qu'en tire le
Prélat eſt digne des gens de ſon état.
Ces Seigneurs ne ſe vangent jamais a
demi.

LXV.

LXIV.

Jadis l'Opéra me Charmoit
J'y voiois Danfer *Terpficore*,
Et *Melpomene* y Déclamoit.
L'Aimable *Thalie* y Rioit,
La Charmante *Euterpe* y Flutoit,
La Tendre *Eraton* y Chantoit,
Temple, Olimpe, Palais, Gloires,
Jardins de *Flore*,
Enfin tout, mes fens enchantoit.
Aujourd'hui Quelle Décadence !
Plus de Goût, plus de Déclamation,
Plus de Mufique, plus de Danfe
Et plus de Décoration.
A l'ennui qu'il nous caufe il n'eft rien
qui réfifte,
Le tout grace aux talents des BLA-
MONTS, des RAMAUX *,
En un mot il eft auffi trifte
Que le Dimanche des RA-
MEAUX †.

* Deux Muficiens Modernes célebres par
leurs Opéra barocs.
† C'eft le dernier Dimanche du Careme,
Tems au quel touts les Théatres de France
font fermez pour ne s'ouvrir que le Lundi
de la premiere femaine d'après Pafques.

CE *n'est pas de l'Opéra seul que cela se doit dire. Les Sciences, les Arts, le Commerce, le Bon Gout, en un mot tout éprouve cette décadence.*

LXV.

HE bien ! vous n'en vouliez rien croire,
Braves Suedois ; vous le voiez pourtant,
LASCI sur vous remporte la victoire
Et vous mene Tambour battant.
Soldats, Officiers, Armes, Chevaux, Bagage,
Du Vainqueur tout subit les loix,
Et comme vous avez imité leur Courage,
Vous aurez le même avantage,
Qu'a *Lintz* KEVENHULLER a fait, a nos François.

C'EST

C'est ainſi que les Troiens ne vou-lurent jamais croire Caſſandre lors-qu'elle leur prédiſoit touts les malheurs qui leur arrivérent peu de tems après. L'incredulité marche toûjours a la ſuite de la Préſomption. Au reſte qui auroit jamais cru qu'une Armée Exci-tée, & Soldée par la F*** eut pu avoir du deſſous ? Amoins qu'on ne veuille dire qu'elle s'eſt fait une gloire de marcher ſur les pas de cette même Nation qui venoit de ſe diſtinguer a Lintz d'une façon ſi ſinguliere & ſi nouvelle.

LXVI.

Certain Epoux, grand ennemi du Bal,
Et de toutes ſes Maſcarades,
A ſa Moitié dira beaucoup de mal
De toutes ces Arlequinades.
Mais la Dame s'en moquera.

D 5

Bien

Bien plus au Bal de l'Opéra,
Pour mieux lui faire voir si c'est a
tort qu'il glofe,
Dès le foir même elle le menera.
La Rufe lui réuffira ;
Car le Gaillart prendra tant de gout à
la chofe,
Qu'avouant fon erreur, lui même il
foufrira,
Qu'en Cerf, pendant qu'il danfe, on
le Métamorphofe.

VOLENTI non fit injuria, *dit le Pro-
verbe. Refte a fcavoir fi l'intention
de ce mari étoit bien d'eprouver la
Métamorphofe qu'on lui fait ici.
Pour moi j'ai de la peine a me le
perfuader ; Mais, comme l'on dit,*
Qui a peur des Feuilles, ne doit point
aller au Bois.

LXVII.

LXVII.

„ Au Regne grand du grand Regne
„ Regnant
„ Par forces d'Armes les grands por-
„ tes d'Airain
„ Fera ouvrir le Roi & Duc joignant ;
„ Port démoli , Nef a Fond , Jour
„ ferain.

O la Belle! O la Magnifique! O l'Admirable Prédiction! Quel domage que
je n'y comprenne rien! Ce Roi, Ce
Duc joignant, Ce Port démoli, ne
font pourtant pas des chofes dites en
l'air. L'événement nous dévelopera
ce qu'il paroit que notre Aftronome a
voulu annoncer.

D 6   LXVIII,

LXVIII.

D'un coup de Boulet dans la
    Teſte,
  Un Certain brave, Maréchal,
Qui d'un certain Païs méditoit la Con-
    queſte,
Ira faire la guerre au Roïaume In-
    fernal.
Deſſus cet accident glorieux & fatal.
    Chacun parlera de plus belle.
C'eſt ainſi, dira l'un, que Turenne
    mourut ;
C'eſt ainſi qu'il s'aquit une Gloire im-
    mortelle.
Ils ont donc, dira l'autre, atteint le
    même but,
Car j'ai du Maréchal Vu voler la
    Cervelle.
Tais toi, lui dira t-on, *Tais toi Jean
    de Nivelle,*
*Comment l'as tu pu voir ſi jamais il
    n'en eut ?*

IL y a des Gens qui meurent sans rendre l'Esprit. Seroit-il si étonnant qu'il y en eut qui vécussent sans avoir de Cervelle? Ce Maréchal est peut être de ce nombre. Ce n'auroit pas été le premier, & Ce ne seroit pas le dernier.

LXIX.

FUT il jamais Spectacles plus bi-
sarres
   Que ceux qu'on voit en ce Tems
    ci ?
L'on va, l'on vient, on court après
    le bien d'autrui;
Ce qu'on a pris hier on le perd au-
    jourd'hui,
Il semble des Enfans qu'on voit jouer
    aux Barres.

CE Qu'il y a de triste, C'est que ce

jeu

jeu comme ceux des Enfans, se termine par les larmes.

LXX.

Tandis que dans ses doits le *Russe* souflera
Que le *Lupon* sera tapi dans sa ta-
niere,
Pour tempérer l'ardeur qui la consu-
mera,
Mainte Actrice a *Paris* se donnera
cariere.
Tels sont du Dieu d'Amour les ca-
prices divers.
Souvent il nous morfond pendant la
Canicule,
Et bien plus souvent il nous
brule
Dans le plus grand froid des
Hivérs.

Est ce la différence du Climat, du Temperament, de l'Education qui pro- duit ces divers effets? Demandez le aux Naturalistes.

LXXII.

LXXI.

LORSQUE je vois les dignes Sena-
teurs
D'une certaine République
A leurs Concitoiens par d'utiles len-
teurs
Conserver une paix qui pour eux est
unique,
Je m'imagine voir cet illustre Romain
Qui par ses longs délais & par sa po-
litique
Cunctando restituit Rem.

Si ce Siécle nous offre des Heros &
des Heroines, il nous fait voir aussi
dans un petit Païs une foule de Fabius
qui méritent encore de plus grands &
de plus justes Eloges que ces foudres de
guerre dont on admire, & dont on
pleure, la *Valeur* Comme il est fort
bien remarqué dans les *Vers suivants.*

LXXII.

LXXII.

QUEL Esprit de Fureur Regne dònc
    sur la Terre !
N'y reverrons nous plus regner l'ai-
    mable Paix ?
De touts cotez je vois les Horreurs
    de la Guerre
Et périr par milliers de fidelles sujets.
O vous qu'elle a choisis pour gou-
    verner le Monde,
Chers & Vivants Portraits de la Di-
    vinité,
N'adoucirez - vous point cette Sevé-
    rité ?
Depuis affez long-tems votre Tonerre
    gronde.
Ah! quand nous rendrez vous notre
    Tranquilité ?

QUAND *ils le voudront, ou qu'ils
le pouront.*

LXXIII.

LXXIII.
PREDICTION.
EPOUVENTABLE,

Et qui Cependant arrivera Immanquablement.

Q UAND on ne verra plus d'Au-
teurs se décrier,
Qu'on verra la Vertu regner chez les
Actrices,
L'ordre de Loyola sans Fiel, sans Ar-
tifices,
Et le Corps des Prélats précher, jeu-
ner, prier.
Quand on ne verra plus le bouil-
lant Janseniste
Déchirer Saintement l'emporté Mo-
liniste.
Quand on verra les Cordeliers,
Touts ces supots impurs d'engeance
Monacale,
Et les Carmes surtout devenir Régu-
liers;
Quand on verra réparer le scandale
Que depuis si long tems donnent les
Eglisiers;

Quand

Quand on ne verra plus que Nones pénitentes
Et que Dévotes bienfaisantes ;
Quand on verra de pieux Malto-
tiers
Reſtituer aux Peuples les Deniers
Que leur ont volé leurs Ancêtres ;
Quand on verra les charitables Pré-
tres
De leurs dévots Sermons profiter les
premiers ,
Et par leurs actions nous détourner
du vice ;
Quand on verra partout d'integres
Magiſtrats
En tout tems , en touts lieux obſerver
la Juſtice ,
Soutenir l'Innocent , punir les Scéle-
rats ;
Quand on ne verra plus Procureurs ,
Avocats
D'un même Sac retirer double
épice ;
Quand on verra refuſer les Ducats
Par les Exemts de la Police ;
Quand on ne verra plus les avides
Marchands
Occupez a tromper les gens ;
Quand le Juif ceſſera de pratiquer l'Uſure,
Themis

PREDICTIONS. xcı

Thémis d'aimer l'Argent, les Moines
la Luxure;
Quand on verra les Plaideurs s'en-
tr'aimer,
Les Amants demeurer paifibles &
tranquilles
Quand on ne verra plus les Jaloux
s'allarmer,
Ni les jeunes Garcons courir aprè
les Filles,
Quand on ne fera plus de Cocus a
Paris;
Quand les Femmes & les Maris
Vivront en union, fans bruit, &
fans reproche;
Enfin quand on verra tout ce que je
décris,
On poura dire alors: LA FIN DU
MONDE APROCHE.

CETTE *Prédiction qu'on pouroit
apeler les Cancans, eft fi claire que
ce feroit vouloir ajouter de la Lumiere
au Soleil que de l'expliquer. Pour fon
accompliffement, je le tiens immman-
quable, & je crois que tout le Monde
fera de mon fentiment après l'avoir
lue.*

lue. Ce qui peut nous rassurer, c'est que les Conditions & les Circonstances qui doivent la précéder ne sont pas encore prêtes d'arriver. En attendant vous pouvez dormir, comme l'on dit, in utramque aurem. C'est ce que je vous conseille de faire en bon Ami.

JUSQU'AU REVOIR.

CRITIQUE.

HÉ bien mon cher Lecteur, vous êtes maintenant en état de juger si je mérite les petits & modestes Eloges que vous avez lus dans ma Préface. Qu'en pensez vous? Je m'en raporte sur cela a votre Jugement, du quel vous ne me verrez point apeller. S'il m'est favorable, Tant mieux pour mon Libraire; S'il ne l'est pas, j'en suis d'avance tout consolé.

Ce n'est pas Au reste que je ne fusse extrêmement sensible a l'honneur que me feroient vos suffrages. Mais comme c'est une vérité démontrée par l'expérience journaliere qu'il n'est pas possible de plaire a tout le monde ; que tel approuve ce qu'un autre condamne, que celui ci rit de ce qui fait pitié à celui la, que ce qui plait au Misantrope fait bâiller les gens du Monde, en un mot qu'autant de Lecteurs, autant de gouts, & par conséquent autant

de

de jugements différents, je laisse a chacun la liberté de penser, de dire, d'ecrire, de chanter même tout ce qu'il lui plaira contre l'Ouvrage que je lui presente; Que le douillet Janséniste l'excommunie, je n'en rirai pas moins de son Rigorisme affecté & de sa Caffarderie réelle. Que les Cocus tempestent & jurent contre, je me moque d'eux & de leurs Cornes. Que les Politiques fassent dessus des raisonnements a perte de vue. Je les verrai avec plaisir s'égarer dans la vaste Région de leurs idées & de leurs arrangements Chimériques. Que les Critiques (car cette engeance foure son Nez & répand son Fiel partout) Que les Critiques, dis-je, le portent devant leur implacable & Caustique Tribunal, je serai le premier a leur aider, s'il le faut, a le censurer. Il en est de même de certains Esprits hargneux, bizares, de mauvaise humeur, ennemis declarez de tout ce qui pouroit leur dérider le front & qui se persuadent follement que tout le monde leur ressemble, je conviendrai avec eux, s'ils le veulent, qu'ils ont raison,

Mais

Mais je leur ferai remarquer, en paſ-
ſant, s'ils ſont capables d'entendre le
langage de la raiſon, qu'il en eſt
d'un livre comme d'un Repas au quel
on a invité un grand nombre de
Convives; Or comme il ſeroit auſſi
ridicule qu'inſenſé de ne ſervir
qu'un ſeul Mets, ou qu'un ſeul Ragout,
quelqu'abondant & bien aſſaiſſonné
qu'il fut, & cela par la grande raiſon
que tous les Gouts ne ſont pas les
mêmes. *Ergo a Pari...* Les Auteurs ſont a proprement parler les
Cuiſiniers de l'Eſprit, & les Lecteurs,
les perſonnes qu'ils ont a régaler.
Le beau régal de n'avoir a offrir a ſon
monde qu'une ſeule viande & a une
ſeule ſauſſe! Fi. Cela fait ſeulement mal
au cœur, d'y penſer. C'eſt auſſi ce
qui m'a engagé à ſemer tant de va-
riété, dans cet Ouvrage qui, tout petit qu'il eſt, aura ſurement plus de
débit, du moins a ce qu'eſpere mon
Libraire, que tant de gros & ennu-
yeux Volumes qu'on fait tous les
jours, & que perſonne n'achete.

Au reſte ſi malgré la ſolidité de
mes raiſons je n'ai pas le bonheur
de plaire a la déplaiſante eſpece de

Gens

Gens dont je viens de parler, il en eſt une autre qui, a ce que j'eſpére, me regardera, de meilleur oeïl. Ce font ces Eſprits ſubtils & pénétrants ces Génies Tranſcendants & Superli-coquentiels qui cherchent & aiment a enucléer les choſes les plus Enigma-tiques, a en percer l'obſcurité, & a n'en point démordre qu'ils n'en ſoient, ou du moins ne croient en être venus a bout. Ceux-ci ont aſſurément trouvé dans nos Prophé-ties de quoi occuper & exercer leur ingenieuſe Sagacité, aiant a leur in-tention renverſé exprès notre bou-teille a l'encre ſur cértaines prédictions qui, ſans cette utile précaution, ne leur auroient pas paru ſi belles a beaucoup près, car dans l'Eſprit de bien des Lecteurs.

Le plus beau d'un Ouvrage eſt ce qu'on entend moins.

Or je puis aſſurer qu'il y a bien des endroits de cette Nature dans celui que je preſente au Public; & Tel qui croit avoir bien pris le ſens des choſes qu'il vient de lire en eſt peut être a plus de cent lieües. Mais a Quel propos, direz vous, nous

nous prefenter ainfi des Enigmes, des
Problêmes, des Chofes qui paroiffent
avoir plufiéurs fens & plufiéurs faces. La
raifon eft que l'Architecte eft maitre
de fes Plans, le Peintre de fes Cou-
leurs, le Muficien de fes Notes &
l'Auteur de fa plume. En doutez vous?
Ecoutez ce que vous en dit un des
plus grands & des plus anciens Maitre de l'Art.

> *Les Peintres, les Poetes*
> *De tout tems ont eu droit d'inventer*
> *des fornettes.*

La Littérature & les Beaux Arts
font un vafte terrain ou chacun peut
s'étendre & travailler a fa guife. On
en a vu de tout tems, & l'on en voit
même encore tous les jours des exem-
ples. Les Volt.... les Mariv..... les
Servand.... les Ram.... ont excel-
lé dans les Cahos & les Charivaris;
S'eft on avifé de leur en faire un
Procès? Eft-ce un Privilége particulier & unique pour ces grands
Hommes; & ne me fera-t-il pas permis auffi bien qu'a eux de faire des
Ouvrages ou il n'y aura ni Tefte ni

E

Queu-

Queue, ni Sens ni Raison, ni Gout ni Saveur, en un mot un Ambigu Comique & Amphibologique pour amuſer le Public. Ceux a qui il n'aura pas le bonheur de plaire n'ont qu'a le laiſſer la. Dans tous les Païs du monde on a toujours eu liberté de Conſcience ſur cet Article. Un Livre ne plait pas. Hé bien, on en eſt quitte pour ne le point lire. Mais il eſt plat. Qu'y faire? C'eſt le Stile de preſque tous les Ecrivains d'aujourd'hui. Mais il eſt Enigmatique, & il y a quantité de choſes que nous n'entendons point. Et c'eſt la le Beau. D'ailleurs ce n'eſt pas ma faute. Peut-être n'y entends-je pas moi même plus que vous? Au Reſte ſi vous ne trouvez pas aſſez de clarté dans certains endroits & que vous me vouliez faire un Procès de ce que je ne vous les explique pas, vous trouverez ma réponſe dans cet Apologue.

Un

LE CURIEUX IMPERTINENT. *FABLE*.

PAR le Marché d'Athene Efope un
    jour paffoit.
Portant je ne fcai quoi qu'avec foin
    il cachoit.
Un Badaut Curieux l'aborde & lui dit;
    Frere,
Qu'as tu donc la dans ton giron?
Pourois je te prier, fans être témé-
    raire,
De m'en faire exhibition?. . . . . .
Au Diable l'Animal avec fa Queftion
Dit Efope! Hé grand Sot! puifque je
    te le cache,
Ne vois tu pas affez que mon in-
    tention
Eft que Perfonne ne le fache?

EPITRE.

A
NOS SEIGNEURS
les Grands Officiers
du Régiment De
la Calotte.

MESSEIGNEURS.

SI l'Ouvrage que j'ai l'honneur de présenter a vos EXCEL-LENCES étoit un de ces Ouvrages ordinaires, j'aurois sans doute suivi la route commune, qui étoit d'en placer la Dédicace à la tête de ce Livre. Mais outre sa singularité qui demandoit qu'on s'écartat de la regle générale, j'ai considéré que l'Excellence de vos Personnes & l'usage ou elles font de suivre elles mêmes des routes inconnues au reste des Humains pouvoit me permettre d'en user comme j'ai fait

pour

pour me conformer, autant que
ma foibleſſe pouvoit le comporter, à
la Superiorité & à la Singularité
de vos Eſprits dont tout le Monde
connoit la Sublimité. C'eſt en
effet ſur ce pied que le Public a
l'honneur de vous connoitre; &
l'on ſçait que l'Ingénieux, le Spi-
rituel & Nombreux Régiment de
la Calotte met ſa gloire eſſencielle
à ſe diſtinguer du reſte des Hommes. Ainſi, loin d'apréhender
que vous trouviez mauvaiſe une
démarche que le Peuple accoutumé
à une certaine régularité pouroit
regarder comme une extravagance,
Je me flatte au contraire qu'elle ne
peut que vous être agréable puiſ-
qu'elle quadre ſi bien avec votre
Caractére & avec votre Goût qui
eſt toujours d'autant plus Beau
qu'il eſt plus Singulier & plus
Biſare. Qu'on ne croye donc point
que cette façon d'agir n'ait eu, de
mon coté, pour motif qu'une ridicule fantaiſie. Outre les ſolides
raiſons que j'ai eu de me confor-

E 3

mer

mer en cela ·a l'Excellence de
votre Goût, J'ai trouvé qu'il étoit
beaucoup plus convenable de ne
vous dédier un Ouvrage qu'après
que vous l'auriez lu, que de le
faire auparavant. Par la j'ai voulu
vous épargner les Chagrins qu'ont
essuïez grand nombre de respectables Personages qui n'auroient certainement pas souffert que leurs
Noms eussent été si souvent prosti-
tuez à la tête des Livres, s'ils
avoient eu ou le tems ou la sage
précaution de les lire avant que
d'en accepter la Dédicace. D'ailleurs la place ou je mets celle ci
me justifiera des soupçons qu'on
auroit pu avoir, sans cela, sur
mes desseins politiques. Le public
ne m'accusera point de lui en avoir
voulu imposer par l'éclat éblouissant
de vos Augustes Noms qui seuls
peuvent rendre immortel l'ouvrage
le plus médiocre.

Ce seroit sans doute ici le Lieu,
MESSEIGNEURS, de m'étendre
sur le nombre des rares perfections
que

que tout l'Univers admire en vous,
de peindre aux yeux du Public
cette vivacité d'Esprit, cette Force
de Génie, cette intrépidité de Jugement, cette singularité d'Imagina-
tion, ce rafinement de Gout, cette
profondeur d'Erudition, ces torrents
d'Eloquence, ces Chefs-d'œuvres
dans touts les genres, en un mot
touts ces rares Talents, toutes ces
Actions Singulieres qui vous ont
mérité a chacun les places distin-
guées que vous occupez dans votre
illustre Régiment. Mais pour
Louer de semblables Héros il fau-
droit des Fontenelles, des Houtte-
villes, des Seri, des &c. Pour
moi qui sens la Médiocrité
de mes forces, je n'ai garde de
tenter une pareille entreprise.
Content d'admirer d'une part, &
de l'autre de tacher d'imiter,
quoique de loin, des perfections
aux quelles je désespere de jamais
parvenir, Je ne témoignerai ce
que j'en pense que par le profond

E 4

res-

Respect avec le quel je serai toute ma vie,

MESSEIGNEURS,

DE VOS EXCELLENCES.

Le très humble & très obeissant Serviteur & Admirateur.

M. C...

POSTSCRIPTUM,

AUX DAMES.

O la Lourde Bévue! O l'Affreuse impolitesse! O Faute impardonable dans la quelle j'allois tomber! Qu'on a grande raison de dire qu'il n'y a rien de si Beste, de si grossier, de si peu maniéré que les Auteurs! Composer un Ouvrage pour l'amusement des Dames, le leur présenter, le leur mettre dans les mains, sans avoir la Politesse & l'attention de les prier de l'honorer de leurs sufrages, & cela dans un Paris, dans le centre du Beau Monde, des belles maniéres, de la Cour, de l'Esprit & du Scavoir-vivre! En faut il d'avantage pour être solemnellement excommunié par le Beau Sexe? Non sans doute si le mal étoit sans reme-

de

de. Mais une inadvertence ne fut jamais un crime, sur tout quand il est encore tems de la réparer ; & Certe c'étoit bien mon intention. Dans cette vue je prie celles qui auront bien voulu se laisser amuser par les petites bagatelles que je viens de leur débiter, d'accepter pour marques de ma reconnoissance les Vers suivants que j'ai l'honneur de leur presenter.

Vous qui donnez du prix aux Baga-
    telles,
Qui leur prêtez des Graces immortelles
Et dont les Riens ont cent fois plus
    d'attraits
Que de l'Esprit les Chefs - d'œuvres
    parfaits,
Jeunes Beautez, dont l'Amour & les
    Graces
A chaque instant accompagnent les
    traces,
Qui du bon gout possédez le talent,
Et jugez mieux d'un Ouvrage excel-
    lent
Que ne feroit toute l'Academie,
O vous chez qui se trouve réunie
                  Et

Et la Critique & le Difcer nement,
Le bel Efprit, les Graces, l'Enjoue-
 ment,
Beau fexe enfin, dont la Délicateffe
Juge toujours avec grande Jufteffe
De ce qui peut ou déplaire ou char-
 mer,
Par vos Talents je me fens allarmer;
Mais d'une part fi j'entre en défiance,
Je compte auffi fur votre complaifance.
C'eft fur ce pied que ma Mufe entreprit
De grifonner ce petit jeu d'Efprit,
Dans le deffein de vous en faire ho-
 mage,
Et d'endormir par ce doux badinage
L'Amour qu'on voit chez vous a
 touts moments
Faire la guerre a ce nombre d'Amants
Que vos Attraits & vos beaux yeux
 fans peines
A chaque inftant font tomber dans
 vos Chaines
Ah, laiffez les un moment repofer!
Accordez moi l'heur de vous amufer
Pendant ce tems. Pour votre com-
 plaifance
Je vous promets, Beau Sexe, en ré-
 compenfe

D'en

D'en ramener aussi-tôt a vos pieds
Un plus grand nombre encor que
vous n'aviez.

FIN.

HONI SOIT QUI MAL
Y PENSE.